D1732926

Withdrawn/ABCL

3907505161 3468

EL DIVINO NARCISO

SOR JUANA INES DE LA CRUZ

Tecnibook Ediciones

Colección Tecnibook Ediciones

PERSONAJES

EL DIVINO NARCISO
LA NATURALEZA HUMANA
LA GRACIA
LA GENTILIDAD
LA SINAGOGA
ENÓS
UN ÁNGEL
ECO, LA NATURALEZA
ANGÉLICA RÉPROBA
LA SOBERBIA
EL AMOR PROPIO
NINFAS
PASTORES
ABRAHAM
DOS COROS DE MÚSICA

Cuadro primero

ESCENA I

(Salen, por una parte, la Gentilidad, *de ninfa, con acompañamiento de* Ninfas *y* Pastores*; y por otra, la* Sinagoga, *también de ninfa, con su acompañamiento, que serán los músicos; y detrás, muy bizarra, la* Naturaleza Humana, *oyendo lo que cantan.)*

SINAGOGA	¡Alabad al Señor todos los hombres!
CORO 1º	¡Alabad al Señor todos los hombres!
SINAGOGA	Un nuevo canto entonad
	a su divina beldad
	y en cuanto la luz alcanza,
	suene la eterna alabanza
	de la gloria de su nombre.
CORO 1º	¡Alabad al Señor todos los hombres!
GENTILIDAD	¡Aplaudid a Narciso, plantas y flores!
	Y pues su beldad divina,
	sin igualdad peregrina,
	es sobre toda hermosura,
	que se vio en otra criatura,

4

	y en todas inspira amores,
CORO 2º	¡alabad a Narciso, fuentes y flores!
SINAGOGA	¡Alabad,
GENTILIDAD	aplaudid,
SINAGOGA	con himnos,
GENTILIDAD	con voces,
SINAGOGA	al Señor,
GENTILIDAD	a Narciso,
SINAGOGA	todos los hombres,
GENTILIDAD	Fuentes y flores!

(*Pónese la* Naturaleza Humana *en medio de los dos* Coros.)

NATURALEZA
HUMANA

Gentilidad, Sinagoga,
que en dulces métricas voces
a Dios aplaude la una,   20
y la otra celebra a un hombre:
escuchadme lo que os digo,
atended a mis razones,
que pues soy madre de entrambas,
a entrambas es bien que toque
por ley natural oírme.

SINAGOGA   Ya mi amor te reconoce,
¡Oh Naturaleza!, madre
común de todos los hombres.

GENTILIDAD   Y yo también te obedezco,   30
pues aunque andemos discordes
yo y la Sinagoga, no
por eso te desconoce

	mi amor, antes te venera.
SINAGOGA	Y sólo en esto conformes
	estamos, pues observamos,
	ella allá entre sus errores
	y yo acá entre mis verdades,
	aquel precepto, que impone,
	de que uno a otro no le haga 40
	lo que él para sí no abone;
	y como padre ninguno
	quiere que el hijo le enoje,
	así no fuera razón
	que a nuestras obligaciones
	faltáramos, con negar
	nuestra atención a tus voces.
GENTILIDAD	Así es; porque este precepto,
	porque ninguno lo ignore,
	se lo escribes a tus hijos 50
	dentro de los corazones.
NATURALEZA HUMANA	
	Bien está; que ese precepto
	basta, para que se note
	que como a madre común
	me debéis las atenciones.
SINAGOGA	Pues dinos lo que pretendes.
GENTILIDAD	Pues dinos lo que dispones.
NATURALEZA HUMANA	
	Digo, que habiendo escuchado

en vuestras métricas voces
los diferentes objetos   60
de vuestras aclamaciones:
pues tú, Gentilidad ciega,
errada, ignorante y torpe,
a una caduca beldad
aplaudes en tus loores,
y tú, Sinagoga, cierta
de las verdades que oyes
en tus profetas, a Dios
Le rindes veneraciones;
dejando de discurrir   70
en vuestras oposiciones,

(*A la* Gentilidad.)

pues claro está que tú yerras

(*A la* Sinagoga.)

y claro el que tú conoces
aunque vendrá tiempo, en que
trocándose las acciones,
la Gentilidad conozca,
y la Sinagoga ignore...
Mas esto ahora no es del caso;
y así, volviéndome al orden
del discurso, digo que   80
oyendo vuestras canciones,
me he pasado a cotejar
cuán misteriosas se esconden
aquellas ciertas verdades
debajo de estas ficciones.

Pues si en tu Narciso, tú
tanta perfección supones,
que dices que es su hermosura
imán de los corazones,
y que no sólo la siguen   90
las ninfas y los pastores,
sino las aves y fieras,
los collados y los montes,
los arroyos y las fuentes,
las plantas, hierbas y flores,
¿con cuánta mayor razón
estas sumas perfecciones
se verifican de Dios,
a cuya beldad los orbes,
para servirle de espejos,   100
indignos se reconocen;
y a quien todas las criaturas
(aunque no hubiera razones
de tan grandes beneficios,
de tan extraños favores)
por su hermosura, no más,
debieran adoraciones;
y a quien la Naturaleza
(que soy yo), con atenciones,
como a mi centro apetezco   110
y sigo como a mi norte?
Y así, pues madre de entrambas
soy, intento con colores
alegóricos, que ideas

representables componen,

(*A la* Sinagoga.)

    tomar de la una el sentido,

(*A la* Gentilidad.)

    tomar de la otra las voces,
y en metafóricas frases,
tomando sus locuciones
y en figura de Narciso,   120
solicitar los amores
de Dios, a ver si dibujan
estos obscuros borrones
la claridad de sus luces;
pues muchas veces conformes
divinas y humanas letras,
dan a entender que Dios pone
aun en las plumas gentiles
unos visos en que asomen
los altos misterios suyos;   130
y así quiero que, concordes,

(*A la* Sinagoga.)

    tú des el cuerpo a la idea,

(*A la* Gentilidad.)

    y tú el vestido le cortes.
¿Qué decís?

SINAGOGA   Que por la parte
que del intento me toque,
te serviré yo con darte
en todo lo que te importen,
los versos de mis profetas,

	los coros de mis cantores.	
GENTILIDAD	Yo, aunque no te entiendo bien,	140
	pues es lo que me propones,	
	que sólo te dé materia	
	para que tú allá la informes	
	de otra alma, de otro sentido	
	que mis ojos no conocen,	
	te daré de humanas letras	
	los poéticos primores	
	de la historia de Narciso.	

NATURALEZA
HUMANA

	Pues volved a las acordes	
	músicas, en que os hallé,	150
	porque quien oyere, logre	
	en la metáfora el ver	
	que, en estas amantes voces,	
	una cosa es la que entiende	
	y otra cosa la que oye.	

ESCENA II

SINAGOGA	¡Alabad al Señor todos los hombres!	
CORO 1º	¡Alabad al Señor todos los hom-bres!	
GENTILIDAD	¡Aplaudid a Narciso, plantas y flores!	
CORO 2º	¡Aplaudid a Narciso, fuentes y flores!	
SINAGOGA	Todos los hombres Le alaben	160
	y nunca su aplauso acaben	
	los ángeles en su altura,	

	el cielo con su hermosura,
	y con sus giros los orbes.
CORO 1º	¡Alabad al Señor todos los hombres!
CORO 2º	¡Aplaudid a Narciso, fuentes y flores!
GENTILIDAD	Y pues su beldad hermosa,
	soberana y prodigiosa,
	es de todas la mayor,
	cuyo sin igual primor 170
	aplauden los horizontes,
CORO 2º	¡aplaudid a Narciso, fuentes y flores!
CORO 1º	¡Alabad al Señor todos los hombres!
SINAGOGA	Las aguas que sobre el cielo
	forman cristalino hielo,
	y las excelsas virtudes
	que moran sus celsitudes,
	todas Le alaben conformes.
CORO 1º	¡Alabad al Señor todos los hombres!
CORO 2º	¡Aplaudid a Narciso, fuentes y flores!
GENTILIDAD	A su bello resplandor 180
	se para el claro farol
	del sol; y por ver su cara,
	el fogoso carro para,
	mirando sus perfecciones.
CORO 2º	¡Aplaudid a Narciso, fuentes y flores!
CORO 1º	¡Alabad al Señor todos los hombres!
SINAGOGA	El sol, la luna y estrellas,

el fuego con sus centellas,
la niebla con el rocío,
la nieve, el hielo y el frío   190
y los días y las noches.

CORO 1º   ¡Alabad al Señor todos los hom-
                 bres!

CORO 2º   ¡Aplaudid a Narciso, fuentes y flores!

GENTILIDAD   Su atractivo singular
no sólo llega a arrastrar
las ninfas y los zagales,
en su seguimiento iguales,
mas las peñas y los montes.

CORO 2º   ¡Aplaudid a Narciso, fuentes y flores!

CORO 1º   ¡Alabad al Señor, todos los hom-   110
                 bres!

NATURALEZA H
UMANA

¡Oh, qué bien suenan unidas
las alabanzas acordes,
que de su beldad divina
celebran las perfecciones!
Que aunque las desdichas mías
desterrada de sus soles
me tienen, no me prohíben
el que su belleza adore;
que aunque, justamente airado   210
por mis delitos enormes,
me desdeña, no me faltan
piadosos intercesores

que Le insten continuamente
para que el perdón me otorgue,
y el estar en mí su imagen,
bien que los raudales torpes
de las aguas de mis culpas
toda mi belleza borren:
que a las culpas, el Sagrado   220
Texto, en muchas ocasiones
aguas llama, cuando dice:
«No la tempestad me ahogue
del agua»; y en otra parte,
alabando los favores
de Dios, repite David
que su Dios, que le socorre,
le libró de muchas aguas;
y que los intercesores
llegan en tiempo oportuno,   230
pero que no en los furores
del diluvio de las aguas.
Y así, bien es que yo nombre
aguas turbias a mi culpa,
cuyos obscenos colores
entre mí y Él interpuestos,
tanto mi ser descomponen,
tanto mi belleza afean,
tanto alteran mis facciones,
que si las mira Narciso,
a su imagen desconoce.   240
Díganlo, después de aquel

pecado del primer hombre,
que fue mar, cuyas espumas
no hay ninguno que no mojen,
tantas fuentes, tantos ríos
obscenos de pecadores
en quien la Naturaleza
siempre sumergida, esconde
su hermosura. ¡Oh, quiera el cielo
que mis esperanzas topen   250
alguna fuente que, libre
de aquellas aguas salobres,
represente de Narciso
enteras las perfecciones!
Y mientras quiere mi dicha
que yo sus cristales toque,
vosotros, para ablandar
de Narciso los rigores,
repetid sus alabanzas
en tiernas aclamaciones,   260
uniendo a cláusulas llanto,
porque es lo mejor que oye.
Representad mi dolor;
que vuestras voces acordes
puede ser que Lo enternezcan,
y piadoso me perdone.
Y pues en edad ninguna
ha faltado quien abogue
por mí, vamos a buscar
la fuente en que mis borrones   270

se han de lavar, sin dejar
las dulces repeticiones
de la música, diciendo
entre lágrimas y voces:

CORO 1º   ¡Alabad al Señor todos los hombres!
CORO 2º   ¡Aplaudid a Narciso, fuentes y flores!

ESCENA III

(Salen Eco, *ninfa, alborotada; la* Soberbia, *de pastora, y el* Amor
Propio, *de pastor.)*

ECO   Soberbia, Amor Propio, ami-
                       gos,
                       ¿oísteis en esta selva
                       unas voces?
SOBERBIA   Yo atendí
                       sus cláusulas; por más señas   280
                       que mucho más que el oído,
                       el corazón me penetran.
AMOR PROPIO   Yo también, que al escuchar
                       lo dulce de sus cadencias,
                       fuera de mi acuerdo estoy.
ECO   Pues, y bien, ¿qué inferís de ellas?
SOBERBIA   Nada, porque sólo yo
                       conozco que me molestan,
                       como la Soberbia soy,
                       las alabanzas ajenas.   290
AMOR PROPIO   Yo sólo sé que me cansan

cariños que se enderezan,
como yo soy Amor Propio,
a amar a quien yo no sea.

ECO   Pues yo os diré lo que infiero,
que como mi infusa ciencia
se distingue de mi Propio
Amor, y de mi Soberbia,
no es mucho que no la alcancen,
y es natural que la teman.   300
Y así, Amor Propio, que en mí
tan inseparable reinas,
que haces que de mí se olvide,
por hacer que a mí me quiera
(porque el Amor Propio
es de tal manera,
que insensato olvida
lo mismo que acuerda);
principio de mis afectos,
pues eres en quien empiezan,   310
y tú eres en quien acaban,
pues acaban en Soberbia
(porque cuando el Amor Propio
de lo que es razón se aleja,
en Soberbia se remata,
que es el afecto que engendra,
que es aquél que todas
las cosas intenta
sólo dirigidas
a su conveniencia),   320

escuchadme. Ya habéis visto
que aquesta pastora bella
representa en común toda
la Humana Naturaleza:
que en figura de una ninfa,
con metafórica idea,
sigue a una beldad que adora,
no obstante que la desprecia;
y para que a las divinas
sirvan las humanas letras,   330
valiéndose de las dos,
su conformidad coteja,
tomando a unas el sentido,
y a las otras la corteza;
y prosiguiendo las frases,
usando de la licencia
de retóricos colores,
que son uno, y otro muestran,
Narciso a Dios llama,
porque su belleza   340
no habrá quien la iguale,
ni quien la merezca.
Pues ahora, puesto que
mi persona representa
el ser angélico, no
en común, mas sólo aquella
parte réproba, que osada
arrastró de las estrellas
la tercer parte al abismo,

quiero, siguiendo la mesma   350
metáfora que ella, hacer
a otra ninfa; que pues ella
como una ninfa a Narciso
sigue, ¿qué papel me queda
hacer, sino a Eco infeliz,
que de Narciso se queja?
Pues ¿qué más beldad
que la suya inmensa,
ni qué más desprecio
que el que a mí me muestra?   360
Y así, aunque ya lo sabéis,
por lo que a mí me atormenta
(que soy yo tal, que ni a mí
reservo la mayor pena),
os referiré la historia
con la metáfora mesma,
para ver si la de Eco
conviene con mi tragedia.
Desde aquí el curioso
mire si concuerdan   370
verdad y ficción,
el sentido y letra.
Ya sabéis que yo soy Eco,
la que infelizmente bella,
por querer ser más hermosa
me reduje a ser más fea,
porque -viéndome dotada
de hermosura y de nobleza,

de valor y de virtud,
de perfección y de ciencia,   380
y en fin, viendo que era yo,
aun de la naturaleza
angélica ilustre mía,
la criatura más perfecta-,
ser esposa de Narciso
quise, e intenté soberbia
poner mi asiento en su solio
e igualarme a su grandeza,
juzgando que no
era inconsecuencia   390
que fuera igual suya
quien era tan bella;
por lo cual, Él, ofendido,
tan desdeñoso me deja,
tan colérico me arroja
de su gracia y su presencia,
que no me dejó ¡ay de mí!,
esperanza de que pueda
volver a gozar los rayos   400
de su divina belleza.
Yo, viéndome despreciada,
con el dolor de mi afrenta,
en odio trueco el amor
y en rencores la terneza,
en venganzas los cariños,
y cual víbora sangrienta,
nociva ponzoña exhalo,

veneno animan mis venas;
que cuando el amor
en odio se trueca,   410
es más eficaz
el rencor que engendra.
y temerosa de que
la humana naturaleza
los laureles que perdí,
venturosa se merezca,
inventé tales ardides,
formé tal estratagema,
que a la incauta ninfa obligo,
sin atender mi cautela,   420
que a Narciso desobligue,
y que ingrata y desatenta
Le ofenda, viendo que Él es
de condición tan severa,
que ofendido ya una vez,
como es infinita ofensa
la que se hace a su deidad,
no hay medio para que vuelva
a su gracia, porque
es tanta la deuda,   430
que nadie es capaz
de satisfacerla.
Y con esto a la infeliz
la reduje a tal miseria,
que por más que tristemente
gime al son de sus cadenas,

son en vano sus suspiros,
son inútiles sus quejas,
pues, como yo, no podrá
eternamente risueña   440
ver la cara de Narciso:
con lo cual vengada queda
mi injuria, porque
ya que no posea
yo el solio, no es bien
que otra lo merezca,
ni que lo que yo perdí,
una villana grosera,
de tosco barro formada,
hecha de baja materia,   450
llegue a lograr. Así es bien
que estemos todos alerta,
para que nunca Narciso
a mirar sus ojos vuelva:
porque es a Él tan parecida,
en efecto, como hecha
a su imagen (¡ay de mí!,
de envidia el pecho revienta),
que temo que, si la mira,
su imagen que mira en ella   460
obligará a su deidad
a que se incline a quererla;
que la semejanza
tiene tanta fuerza,
que no puede haber

quien no la apetezca.
Y así, siempre he procurado
con cuidado y diligencia
borrar esta semejanza,
haciéndola que cometa   470
tales pecados, que Él mismo
-soltando a Acuario las riendas-
destruyó por agua el mundo,
en venganza de su ofensa.
Mas como es costumbre suya,
que siempre piadoso mezcla
en medio de la justicia
los visos de la clemencia,
quiso, no obstante el naufragio,
que a favor de la primera   480
nadante tabla, salvase
la vida que aún hoy conserva;
que aun entre el enojo,
siempre se Le acuerda
la misericordia,
para usar más de ella.
Pero apenas respiró
del daño, cuando soberbia,
con homenajes altivos
escalar el cielo intenta,   490
y creyendo su ignorancia
que era accesible la esfera
a corporales fatigas
y a materiales tareas,

altiva torre fabrica,
pudiendo labrar más cuerda
inmateriales escalas
hechas de su penitencia.
A cuya loca ambición,
en proporcionada pena,   500
correspondió en divisiones
la confusión de las lenguas;
que es justo castigo
al que necio piensa
que lo entiende todo,
que a ninguno entienda.
Después de así divididos,
les insistí a tales sectas,
que ya adoraban al sol,
ya el curso de las estrellas,   510
ya veneraban los brutos,
ya daban culto a las peñas,
ya a las fuentes, ya a los ríos,
ya a los bosques, ya a las selvas,
sin que quedara criatura,
por inmunda o por obscena,
que su ceguedad dejara,
que su ignorancia excluyera;
y adorando embelesados
sus inclinaciones mesmas,   520
olvidaron de su Dios
la adoración verdadera;
conque amando estatuas

su ignorancia ciega,
vinieron a casi
transformarse en ellas.
Mas no obstante estos delitos,
nunca han faltado centellas
que de aquel primer origen
el noble ser les acuerdan;   530
y pretendiendo volver
a la dignidad primera,
con lágrimas y suspiros
aplacar a Dios intentan.
Y si no, mirad a Abel,
que las espigas agrega
y los carbones aplica,
para hacer a Dios ofrenda.

ESCENA IV

(Ábrese un carro; va dando vuelta, en elevación, Abel, encendiendo la lumbre; y encúbrese cantando.)

ABEL   ¡Poderoso Dios
                        de piedad inmensa,   540
                        esta ofrenda humilde
                        de mi mano acepta!
ECO   Al santo Enós atended,
                        que es el primero que empieza
                        a invocar de Dios el nombre
                        con invocaciones nuevas.

(Pasa de la misma manera Enós, *de rodillas, puestas las manos, y canta.)*

ENÓS   ¡Criador poderoso
del cielo y la tierra,
sólo a Ti por Dios
confiesa mi lengua!   550

ECO   Ved a Abraham, aquel monstruo
de la fe y de la obediencia,
que ni dilata matar
al hijo, aunque más lo quiera,
por el mandato de Dios;
ni duda de la promesa
de que al número sus hijos
igualen de las estrellas.
Y ved cómo Dios benigno,
en justa correspondencia,   560
la víctima le perdona
y el sacrificio le acepta.

(Pasa Abraham, *como lo pintan, y sale un* Ángel.*)*

ÁNGEL   *(Canta.)*
¡Para herir al niño
la mano no extiendas,
que basta haber visto
cuánto al Señor temas!

ECO   Ved a Moisés, que caudillo
de Dios al pueblo gobierna,
y viendo que ha idolatrado
y Dios castigarlo intenta,   570
su autoridad interpone

y osadamente Le ruega.

(Pasa Moisés, *con las Tablas de la Ley, y canta.)*

MOISÉS	¡O perdone al pueblo,
	Señor, tu clemencia,
	o bórreme a mí
	de la vida eterna!
ECO	Pero ¿para qué es cansaros?
	Atended de los profetas
	y patriarcas al coro
	que con dulces voces tiernas 580
	piden el remedio a Dios,
	quieren que a aliviarlos venga.
CORO 1º	¡Abrid, claros cielos
	vuestras altas puertas,
	y las densas nubes
	al justo nos lluevan!
ECO	Pues atended, misteriosa,
	a otra petición opuesta,
	al parecer, a ésta, pues
	dice con voces diversas: 590
CORO 2º	¡Ábranse las bocas
	de la dura tierra,
	y brote, cual fruto,
	el Salvador de ella!
ECO	Con que los unos Le piden
	que del cielo les descienda,
	y que de la tierra nazca
	quieren otros, de manera
	que ha de tener, quien los salve,

entrambas naturalezas.   600
Pues yo, ¡ay de mí!, que en Nar-
ciso
conozco, por ciertas señas,
que es Hijo de Dios, y que
nació de una verdadera
mujer, temo, y con bastantes
fundamentos, que éste sea
el Salvador. Y porque
a la alegoría vuelva
otra vez, digo que temo
que Narciso, que desdeña   610
mi nobleza y mi valor,
a aquesta pastora quiera;
porque suele el gusto,
que leyes no observa,
dejar el brocado
por la tosca jerga.
Y para impedir, ¡ay triste!,
que sobre la injuria hecha
a mi ser y a mi hermosura,
otra mayor no me venga,   620
hemos de solicitar,
que si impedirle que a verla
no llegue, no sea posible,
que consigamos siquiera
que en las turbias aguas
de su culpa sea,
para que su imagen

borrada parezca.
¿Qué os parece?

SOBERBIA   ¿Qué me puede
parecer, si de tu idea   630
soy, desde que tienes ser,
individua compañera,
tanto, que por asentir
a mis altivas propuestas,
en desgracia de Narciso
estás? Pero aunque desprecia
Él, y toda su facción,
tus partes y tu nobleza,
ya has visto, que cuando
los demás te dejan,   640
sólo te acompaña
siempre tu Soberbia.

AMOR PROPIO   Y yo, que desde el instante
que intentaste tu suprema
silla sobre el Aquilón
poner, y que tu grandeza
al altísimo igualara,
me engendraste, contra ésa
que, representada en visos,
te dieron a entender que era   650
la que, aunque inferior
en naturaleza,
en mérito había
de ser más excelsa;
y dándote entonces tú

por sentida de la ofensa,
concebiste tal rencor,
engendraste tanta pena,
que en odio mortal,
que en rabiosa queja   660
se volvió el cariño,
trocó la fineza...
Y así, si soy tu Amor Propio,
¿qué dudas que me parezca
bien, que pues padeces tú,
el mundo todo padezca?
¡Padezca esa vil pastora,
padezca Narciso y muera,
si con muerte de uno y otro
se borran nuestras ofensas!   670

ECO   Pues tan conformes estáis,
y en la elevada eminencia
de esta montaña se oculta,
acompañado de fieras,
tan olvidado de sí
que ha que no come cuarenta
días, dejadme llegar
y con una estratagema
conoceré si es divino,
pues en tanta fortaleza   680
lo parece, pero luego
en la hambre que Le aqueja
muestra que es hombre no más,
pues la hambre Le molesta.

Y así yo intento llegar
amorosa y halagüeña,
que la tentación
¿quién duda que sea
más fuerte, si en forma
de una mujer tienta?   690
Y así, vosotros estad,
de todo cuanto suceda,
a la mira.

SOBERBIA y
AMOR PROPIO

Así lo haremos
porque acompañarte es fuerza.

Cuadro segundo

ESCENA V

(Descúbrese un monte, y en lo alto el Divino Narciso, *de pastor galán, y algunos animales; y mientras* Eco *va subiendo, dice* Narciso *en lo alto.)*

NARCISO   En aquesta montaña, que eminente
el cielo besa con la altiva frente,
   sintiendo ajenos, como propios males,
me acompañan los simples animales,
   y las canoras aves
con músicas suaves   700
   saludan mi hermosura,
de más luciente sol, alba más pura.
   No recibo alimento
de material sustento,
   porque está desquitando mi abstinencia
de algún libre bocado la licencia.
(Acaba de subir Eco.*)*

31

ECO   *(Canta en tono recitativo.)*

Bellísimo Narciso,
que a estos humanos valles
del monte de tus glorias
las celsitudes traes,   710
mis pesares escucha,
indignos de escucharse,
pues ni aun en esto esperan
alivio mis pesares.
Eco soy, la más rica
pastora de estos valles;
bella decir pudieran
mis infelicidades.
Mas desde que severo
mi beldad despreciaste,   720
las que canté hermosuras
ya las lloro fealdades.
Pues tú mejor conoces
que los claros imanes
de tus ojos arrastran
todas las voluntades,
no extrañarás el ver
que yo venga a buscarte,
pues todo el mundo adora
tus prendas celestiales.   730
Y así, vengo a decirte
que ya que no es bastante
a ablandar tu dureza
mi nobleza y mis partes,

siquiera por ti mismo
mires interesable
mis riquezas, atento
a tus comodidades.
Pagarte intento, pues
no será disonante   740
el que venga a ofrecerte
la que viene a rogarte.
Y pues el interés
es en todas edades
quien del amor aviva
las viras penetrantes,
tiende la vista a cuanto
alcanza a divisarse
desde este monte excelso
que es injuria de Atlante.   750
Mira aquestos ganados
que, inundando los valles,
de los prados fecundos
las esmeraldas pacen.
Mira en cándidos copos
la leche, que al cuajarse,
afrenta los jazmines
de la aurora que nace.
Mira, de espigas rojas,
en los campos formarse   760
pajizos chamelotes
a las olas del aire.
Mira de esas montañas

los ricos minerales,
cuya prenez es oro,
rubíes y diamantes.
Mira, en el mar soberbio,
en conchas congelarse
el llanto de la aurora
en perlas orientales.   770
Mira de esos jardines
los fecundos frutales,
de especies diferentes
dar frutos admirables.
Mira con verdes pinos
los montes coronarse:
con árboles que intentan
del cielo ser gigantes.
Escucha la armonía
de las canoras aves   780
que en coros diferentes
forman dulces discantes.
Mira de uno a otro polo
los reinos dilatarse,
dividiendo regiones
los brazos de los mares,
y mira cómo surcan
de las veleras naves
las ambiciosas proas
sus cerúleos cristales.   790
Mira entre aquellas grutas
diversos animales:

	a unos, salir feroces;	
	a otros, huir cobardes.	
	Todo, bello Narciso,	
	sujeto a mi dictamen,	
	son posesiones mías,	
	son mis bienes dotales.	
	Y todo será tuyo,	
	si tú con pecho afable	800
	depones lo severo	
	y llegas a adorarme.	
NARCISO	Aborrecida ninfa,	
	no tu ambición te engañe,	
	que mi belleza sola	
	es digna de adorarse.	
	Vete de mi presencia	
	al polo más distante,	
	adonde siempre penes,	
	adonde nunca acabes.	810
ECO	Ya me voy, pero advierte	
	que, desde aquí adelante,	
	con declarados odios	
	tengo de procurarte	
	la muerte, para ver	
	si mi pena implacable	
	muere con que tú mueras,	
	o acaba con que acabes.	

Cuadro tercero

ESCENA VI

(Cúbrese el monte, y sale la Naturaleza Humana.*)*

NATURALEZA HUMANA

De buscar a Narciso fatigada,
sin permitir sosiego a mi pie
errante,   820
ni a mi planta cansada
que tantos ha ya días que vagante
examina las breñas
sin poder encontrar más que las señas,
  a este bosque he llegado donde espe-
ro
tener noticias de mi bien perdido;
que si señas confiero,
diciendo está del prado lo florido,
que producir amenidades tantas,
es por haber besado ya sus plan-   830
tas.

¡Oh, cuántos días ha que he exami-
nado
la selva flor a flor, y planta a planta,
gastando congojado
mi triste corazón en pena tanta,
y mi pie fatigando, vagabundo,
tiempo, que siglos son; selva, que es
mundo!

Díganlo las edades que han pasado,
díganlo las regiones que he corrido,
los suspiros que he dado,
de lágrimas los ríos que he verti-
do,   840
los trabajos, los hierros, las prisiones
que he padecido en tantas ocasiones.

Una vez, por buscarle, me toparon
de la ciudad las guardas, y atrevidas,
no sólo me quitaron
el manto, mas me dieron mil heridas
los centinelas de los altos muros,
teniéndose de mí por mal seguros.

¡Oh ninfas que habitáis este florido
y ameno prado, ansiosamente os   850
ruego
que si acaso al querido
de mi alma encontrareis, de mi fuego
Le noticiéis, diciendo el agonía
con que de amor enferma el alma mía!

Si queréis que os dé señas de mi
amado,
rubicundo esplendor Le colorea
sobre jazmín nevado;
por su cuello, rizado Ofir pasea;
los ojos, de paloma que enamora
y en los raudales transparentes
mora.   860

Mirra olorosa de su aliento exhala;
las manos son al torno, y están llenas
de jacintos, por gala,
o por indicio de sus graves penas:
que si el jacinto es *ay*, entre sus brillos
ostenta tantos *ayes* como anillos.

Dos columnas de mármol, sobre
basas
de oro, sustentan su edificio bello;
y en delicias no escasas
suavísimo es, y ebúrneo, el blan-
co cuello;   870
y todo apetecido y deseado.
Tal es, ¡oh ninfas!, mi divino amado.

Entre millares mil es escogido;
y cual granada luce sazonada
en el prado florido,
entre rústicos árboles plantada;
así, sin que ningún zagal Le iguale,
entre todos los otros sobresale.

Decidme dónde está El que mi alma
adora,
o en qué parte apacienta sus cor-   880
deros,
o hacia dónde -a la hora
meridiana- descansan sus luceros,
para que yo no empiece a andar vagando
por los rediles, que Lo voy buscando.
Mas, por mi dicha, ya cumplidas veo
de Daniel sus semanas misteriosas,
y logra mi deseo
las alegres promesas amorosas
que me ofrece Isaías
en todas sus sagradas profecías.   890
  Pues ya nació aquel niño hermoso y
bello,
y ya nació aquel hijo delicado,
que será gloria el vello
llevando sobre el hombro el principa-
do:
admirable, Dios fuerte, consejero,
rey, y padre del siglo venidero.
  Ya brotó aquella vara misteriosa
de Jesé, la flor bella en quien descansa
sobre su copa hermosa
espíritu divino, en que afianza   900
sabiduría, consejo, inteligencia,
fortaleza, piedad, temor y ciencia.

Ya el fruto de David tiene la silla
de su padre; ya el lobo y el cordero
se junta y agavilla,
y el cabritillo con el pardo fiero;
junto al oso el becerro quieto yace,
y como buey el león las pajas pace.

   Recién nacido infante, quieto juega
en el cóncavo de áspid ponzoño-
so,   910
y a la caverna llega
del régulo nocivo, niño hermoso,
y la manilla en ella entra seguro,
sin poderle dañar su aliento impuro

   Ya la señal, que Acaz pedir no quiso,
y Dios le concedió, sin él pedilla,
se ve, pues ya Dios hizo
la nueva, la estupenda maravilla
que a la naturaleza tanto excede,
de que una virgen para, y virgen
quede.   920

   Ya a Abraham se ha cumplido la
promesa
que Dios reiteró a Isaac, de que serían
en su estirpe y nobleza
bendecidas las gentes que nacían
en todas las naciones,
para participar sus bendiciones.

   El cetro de Judá, que ya ha faltado,
según fue de Jacob la profecía,

da a entender que ha llegado
del mundo la esperanza y la ale-
gría,   930
la salud del Señor que él esperaba
y en profético espíritu miraba.
   Sólo me falta ya, ver consumado
el mayor sacrificio. ¡Oh, si llegara,
y de mi dulce amado
mereciera mi amor mirar la cara!
Seguiréle, por más que me fatigue,
pues dice que ha de hallarle quien Le
sigue.
   ¡Oh, mi divino amado, quién gozara
acercarse a tu aliento generoso,   940
de fragancia más rara
que el vino y el ungüento más precio-
so!
Tu nombre es como el óleo derrama-
do,
y por eso las ninfas te han amado.
   Tras tus olores presta voy corriendo:
¡oh, con cuánta razón todas te adoran!
Mas no estés atendiendo
si del sol los ardores me coloran;
mira que, aunque soy negra, soy hermosa,
pues parezco a tu imagen mila-
grosa.   950
   Mas allí una pastora hermosa veo.

¿Quién podrá ser beldad tan peregri-
na?;
mas, o miente el deseo,
o ya he visto otra vez su luz divina.
A ella quiero acercarme,
por ver si puedo bien certificarme.

ESCENA VII

(Sale la Gracia, *de pastora, cantando; y vanse acercando.)*

GRACIA   Albricias, mundo; albricias,
Naturaleza humana,
pues con dar esos pasos
te acercas a la Gracia: 960
¡dichosa el alma
que merece tenerme en su morada!
     Venturosa es mil veces
quien me ve tan cercana;
que está muy cerca el sol
cuando parece el alba:
¡dichosa el alma
que merece hospedarme en su morada!

(Repite la música este último verso, y llégase la Naturaleza *a ella.)*

NATURALEZA HUMANA

          Pastora hermosa, que admiras,
dulce sirena, que encantas   970
no menos con tu hermosura
que con tu voz soberana;
pues a mí tu voz diriges
y a mí albricias me demandas

de alguna nueva feliz,

pues dicen tus consonancias:

GRACIA y NATURALEZA HUMANA

albricias, mundo; albricias

Naturaleza Humana,

pues con dar esos pasos

te acercas a la Gracia: 980

CORO 1°   ¡dichosa el alma,

que merece hospedarme en su morada!

NATURALEZA HUMANA

¿De qué son? Y tú, quién eres

dime; porque aunque tu cara

juzgo que he visto otra vez,

las especies tan borradas

tengo, que no te conozco

bien.

GRACIA   Aquesto no me espanta,

que estuve poco contigo,

y tú entonces descuidada   990

no me supiste estimar,

hasta que viste mi falta.

NATURALEZA HUMANA

Pues en fin, dime ¿quién eres?

GRACIA   ¿No te acuerdas de una dama

que, en aquel bello jardín

adonde fue tu crianza,

por mandato de tu padre

gustosa te acompañaba

asistiéndote, hasta que

tú por aquella desgracia,   1000
dejándole a Él enojado,
te saliste desterrada,
y a mí me apartó de ti,
de tu delito en venganza,
hasta ahora?

NATURALEZA HUMANA

    ¡Oh, venturosa
la que vuelve a ver tu cara,
Gracia divina, pues eres
la mejor prenda del alma!
¡Los brazos me da!

GRACIA   Eso no,
que todavía te falta   1010
para llegar a mis brazos
una grande circunstancia.

NATURALEZA HUMANA

Si está en diligencia mía,
dila, para ejecutarla.

GRACIA   No está en tu mano, aunque está
el disponerte a alcanzarla
en tu diligencia; porque
no bastan fuerzas humanas
a merecerla, aunque pueden
con lágrimas impetrarla,   1020
como don gracioso que es,
y no es justicia, la Gracia.

NATURALEZA HUMANA

Y ¿cómo he de disponerme?

GRACIA ¿Cómo? Siguiendo mis plantas,
y llegando a aquella fuente,
cuyas cristalinas aguas
libres de licor impuro,
siempre limpias, siempre intactas
desde su instante primero,
siempre han corrido sin mancha;   1030
aquésta es de los Cantares
aquella fuente sellada,
que sale del paraíso,
y aguas vivíficas mana.
Éste, el pequeño raudal
que, misterioso, soñaba
Mardoqueo, que crecía
tanto, que de su abundancia
se formaba un grande río;   1040
y después se transformaba
en luz y en sol, inundando
los campos de su pujanza.

NATURALEZA HUMANA
Ya sé que ahí se entiende Esther
y que, en Esther, figurada
está la imagen divina
de la que es llena de gracia.
¡Oh, fuente divina, oh pozo
de las vivíficas aguas,
pues desde el primer instante
estuviste preservada   1050
de la original ponzoña,

de la trascendental mancha,
que infesta los demás ríos;
vuelve tú la imagen clara
de la beldad de Narciso,
que en ti sola se retrata
con perfección su belleza,
sin borrón su semejanza!

GRACIA Naturaleza feliz,
pues ya te ves tan cercana   1060
a conseguir tu remedio,
llega a la fuente sagrada
de cristalinas corrientes,
de quien yo he sido la guarda,
desde que ayer empezó
su corriente, inmaculada
por singular privilegio;
y encubierta entre estas ramas,
a Narciso esperaremos,
que no dudo que Lo traiga   1070
a refrigerarse en ella
la ardiente sed que Lo abrasa.
Procura tú que tu rostro
se represente en las aguas,
porque llegando Él a verlas
mire en ti su semejanza;
porque de ti se enamore.

NATURALEZA HUMANA
Déjame antes saludarla,
pues ha de ser ella el medio

	del remedio de mis ansias.	1080
GRACIA	Debido obsequio es, y así	
	yo te ayudaré a invocarla.	

(Canta.)

¡Oh, siempre cristalina,
clara y hermosa fuente:
tente, tente;
reparen mi ruina
tus ondas presurosas,
claras, limpias, vivíficas, lustrosas!

NATURALEZA HUMANA

No vayas tan ligera
en tu corriente clara;   1090
para, para,
mis lágrimas espera:
vayan con tu corriente
santa, pura, clarísima, luciente.

GRACIA   ¡Fuente de perfecciones,
de todas la más buena,
llena, llena
de méritos y dones,
a quien nunca ha llegado
mácula, riesgo, sombra, ni peca-   1100
do!

NATURALEZA HUMANA

Serpiente ponzoñosa
no llega a tus espejos:
lejos, lejos
de tu corriente hermosa,

su ponzoña revienta;
tú corres limpia, preservada, exenta.

GRACIA   Bestia obscena, ni fiera,
no llega a tus cristales;
tales, tales
son, y de tal manera,   1110
que dan con su dulzura
fortaleza y salud, gusto y ventura.

NATURALEZA HUMANA
        Mi imagen representa
si Narciso repara,
clara, clara;
porque al mirarla sienta
del amor los efectos,
ansias, deseos, lágrimas y afectos.

GRACIA   Ahora en la margen florida,
que da a su líquida plata   1120
guarniciones de claveles
sobre campos de esmeraldas,
nos sentaremos en tanto
que llega; que el que Lo atraiga
Naturaleza, no dudo,
si está junto con la Gracia.

NATURALEZA HUMANA
        Si el disponerme a tenerla,
cuanto puedan mis humanas
fuerzas, es lo que me toca,
ya obedezco lo que mandas.   1130

ESCENA VIII

(Llegan las dos a la fuente; pónese la Naturaleza *entre las ramas, y con ella la* Gracia, *de manera que parezca que se miran; y sale por otra parte* Narciso, *con una honda, como pastor, y canta el último verso de las coplas, y lo demás representa acercándose a la fuente.)*

NARCISO   Ovejuela perdida,
de tu dueño olvidada,
¿adónde vas errada?
Mira que dividida
(Canta.)
de mí, también te apartas de tu vida.
Por las cisternas viejas
bebiendo turbias aguas,
tu necia sed enjaguas;
y con sordas orejas,
(Canta.)
de las aguas vivíficas te alejas.   1140
En mis finezas piensa:
verás que, siempre amante,
te guardo vigilante,
te libro de la ofensa,
(Canta.)
y que pongo la vida en tu defensa.
De la escarcha y la nieve
cubierto, voy siguiendo
tus necios pasos, viendo
que ingrata no te mueve
(Canta.)

ver que dejo por ti noventa y
nueve.   1150

   Mira que mi hermosura
de todas es amada,
de todas es buscada,
sin reservar criatura,
         (Canta.)
y sólo a ti te elige tu ventura.

   Por sendas horrorosas
tus pasos voy siguiendo,
y mis plantas hiriendo
de espinas dolorosas
         (Canta.)
que estas selvas producen, esca-
brosas.   1160

   Yo tengo de buscarte;
y aunque tema perdida,
por buscarte, la vida,
no tengo de dejarte,
         (Canta.)
que antes quiero perderla por hallarte.

   ¿Así me correspondes,
necia, de juicio errado?
¿No soy quien te ha criado?
¿Cómo no me respondes,
         (Canta.)
y (como si pudieras) te me es-
condes?   1170

   Pregunta a tus mayores

los beneficios míos:
los abundantes ríos,
los pastos y verdores,
    (Canta.)
en que te apacentaron mis amores.
  En un campo de abrojos,
en tierra no habitada,
te hallé sola, arriesgada
del lobo a ser despojos,
    (Canta.)
y te guardé cual niña de mis ojos. 1180
  Trájele a la verdura
del más ameno prado,
donde te ha apacentado
de la miel la dulzura,
    (Canta.)
y aceite que manó de peña dura.
  Del trigo generoso
la medula escogida
te sustentó la vida,
hecho manjar sabroso,
    (Canta.)
y el licor de las uvas oloroso.   1190
  Engordaste, y lozana,
soberbia y engreída
de verte tan lucida,
altivamente vana,
    (Canta.)
mi belleza olvidaste soberana.

Buscaste otros pastores
a quien no conocieron
tus padres, ni los vieron
ni honraron tus mayores;
(Canta.)
y con esto incitaste mis furores.   1200
　Y prorrumpí enojado:
«Yo esconderé mi cara
(a cuyas luces para
su cara el sol dorado)
(Canta.)
de este ingrato, perverso, infiel ganado.
　Yo haré que mis furores
los campos les abrasen,
y las hierbas que pacen;
y talen mis ardores
(Canta.)
aun los montes que son más
superiores.   1210
　Mis saetas ligeras
les tiraré, y la hambre
corte el vital estambre;
y de aves carniceras
(Canta.)
serán mordidos, y de bestias fieras.
　Probarán los furores
de arrastradas serpientes;
y en muertes diferentes

obrará, en mis rigores,
            (Canta.)
fuera, el cuchillo; y dentro, los   1220
temores».
    Mira que soberano
soy, y que no hay más fuerte;
que yo doy vida y muerte,
que yo hiero y yo sano,
            (Canta.)
y que nadie se escapa de mi mano.
    Pero la sed ardiente
me aflige y me fatiga;
bien es que el curso siga
de aquella clara fuente,
            (Canta.)
y que en ella templar mi ardor   1230
intente.
    Que pues por ti he pasado
la hambre de gozarte,
no es mucho que mostrarte
procure mi cuidado,
            (Canta.)
que de la sed por ti estoy abrasado.

Cuadro cuarto

ESCENA IX

(Narciso llega a la fuente, la mira y dice.)

NARCISO	Llego; mas ¿qué es lo que miro?
	¿Qué soberana hermosura
	afrenta con su luz pura
	todo el celestial zafiro?
	Del sol el luciente giro, 1240
	en todo el curso luciente
	que da desde Ocaso a Oriente,
	no esparce en signos y estrellas
	tanta luz, tantas centellas
	como da sola esta fuente.
	Cielo y tierra se han cifrado
	a componer su arrebol:
	el cielo con su farol,
	y con sus flores el prado.
	La esfera se ha transladado 1250
	toda, a quererla adornar;
	pero no, que tan sin par

belleza, todo el desvelo
de la tierra, ni del cielo,
no la pudieran formar.

    Recién abierta granada
sus mejillas sonrosea;
sus dos labios hermosea
partida cinta rosada,
por quien la voz delicada,   1260
haciendo al coral agravio,
despide el aliento sabio
que así a sus claveles toca;
leche y miel vierte la boca,
panales destila el labio.

    Las perlas que en concha breve
guarda, se han asimilado
al rebaño, que apiñado
desciende en copos de nieve;
el cuerpo, que gentil mueve,   1270
el aire a la palma toma;
los ojos, por quien asoma
el alma, entre su arrebol
muestran, con luces del sol,
benignidad de paloma.

    Terso el bulto delicado,
en lo que a la vista ofrece,
parva de trigo parece,
con azucenas vallado;
de marfil es torneado   1280
el cuello, gentil coluna.

No puede igualar ninguna
hermosura a su arrebol:
escogida como el sol
y hermosa como la luna.
   Con un ojo solo, bello,
el corazón me ha abrasado;
el pecho me ha traspasado
con el rizo de un cabello.
¡Abre el cristalino sello   1290
de ese centro claro y frío,
para que entre el amor mío!
Mira que traigo escarchada
la crencha de oro, rizada,
con las perlas del rocío.
   ¡Ven, esposa, a tu querido;
rompe esa cortina clara:
muéstrame tu hermosa cara,
suene tu voz a mi oído!
¡Ven del Líbano escogido,   1300
acaba ya de venir,
y coronaré el Ofir
de tu madeja preciosa
con la corona olorosa
de Amaná, Hermón y Sanir!

ESCENA X

(Quédase como suspenso en la fuente; y sale Eco, *como acechando.)*

ECO   ¿Qué es aquesto que ven los ojos
míos?

O son de mis pesares desvaríos,
o es Narciso el que está en aquella
fuente,
cuya limpia corriente
exenta corre de mi rabia fiera.   1310
¡Quién fuera tan dichosa, que pudiera
envenenar sus líquidos cristales
para ponerles fin a tantos males,
pues si Él bebiera en ella mi veneno,
penara con las ansias que yo peno!
Yo me quiero llegar, pues Él, suspenso,
que está templando, pienso,
la sed.

(Llégase, y vuelve a retirarse.)

¡Pero qué miro!
Confusa me acobardo y me retiro:
su misma semejanza contem-
plando   1320
está en ella, y mirando
a la Naturaleza Humana en ella.
¡Oh fatales destinos de mi estrella!
¡Cuánto temí que clara la mirase,
para que de ella no se enamorase,
y en fin ha sucedido! ¡Oh pena, oh
rabia!
Blasfemaré del cielo que me agravia.
Mas ni aun para la queja
alientos el dolor fiero me deja,

pues siento en ansia tanta   1330
un áspid, un dogal a la garganta.
    Si quiero articular la voz, no puedo
y a media voz me quedo,
    o con la rabia fiera
sólo digo la sílaba postrera;
    que pues letras sagradas, que me
infaman,
en alguna ocasión muda me llaman
    (porque aunque formalmente
serlo no puedo, soylo causalmente
    y eficientemente, haciendo
mudo   1340
a aquel que mi furor ocupar pudo:
    locución metafórica, que ha usado
como quien dice que es alegre el prado
    porque causa alegría,
o de una fuente, quiere que se ría),
    y pues también alguna vez Narciso
enmudecer me hizo,
    porque su ser divino publicaba,
y mi voz reprendiéndome atajaba,
    no es mucho que también aho-
ra quiera   1350
que, con el ansia fiera,
    al llegar a mirarlo quede muda.
Mas ¡ay!, que la garganta ya se anuda;
    el dolor me enmudece.

¿Dónde está mi Soberbia? ¿No parece?

¿Cómo mi mal no alienta?
Y mi Amor Propio, ¿cómo no fo-
menta,

o anima mis razones?
Muda estoy, ¡ay de mí!

ESCENA XI

*(Hace extremos, como que quiere hablar, y no puede; y salen, como
asustados, la* Soberbia *y el* Amor Propio.*)*

AMOR PROPIO	¿Qué confusiones	
	Eco triste lamenta?	1360
	Que aunque no es nuevo en ella ver	
	que sienta,	
	parece nueva pena	
	la que de sus sentidos la enajena.	
SOBERBIA	Estatua de sí misma, enmudecida,	
	ni aun respirar la deja dolorida	
	la fuerza del ahogo que la oprime,	
	aunque con mudas señas llora y gime.	
AMOR PROPIO	A consolar lleguemos su lamento,	
	aunque le sirva de mayor tormento.	
SOBERBIA	Lleguemos a saber lo que la enoja,	1370
	aunque le sirva de mayor congoja.	
AMOR PROPIO	Pues el tener su Propio Amor consi-	
	go,	
	claro está que será mayor castigo.	

SOBERBIA	Pues tener su Soberbia, ¿quién ignora
	que le será mayor tormento ahora?
AMOR PROPIO	Mira, que juzgo que precipitada
	quiere arrojarse, del furor llevada;
	¡tengámosla!
SOBERBIA	Tenerla solicito,
	aunque yo soy quien más la precipito.

(Lléganse a ella y tiénenla; y ella hace como que quiere arrojarse.)

SOBERBIA	¡Tente, Eco hermosa! ¿Dónde vas? Espera;	1380
	cuéntanos por qué estás de esa manera,	
	que despeñarte intentas.	
	¿Con ver a tu Soberbia no te alientas?	
	¿Cómo querré yo verte despeñada,	
	si siempre pretendí verte exaltada?	
AMOR PROPIO	¿Que con ver tu Amor Propio no te animes?	
	¿Cómo podré sufrir que te lastimes,	
	si por haberte amado	
	tanto, nos redujimos a este estado?	
SOBERBIA	Tente, pues que yo te tengo.	1390
ECO	Tengo.	
AMOR PROPIO	Refiere tu ansiosa pena.	
ECO	Pena.	
SOBERBIA	Di la causa de tu rabia.	
ECO	Rabia.	

(Dentro, repite la música, con tono triste, los ecos.)

AMOR PROPIO	Pues eres tan sabia,
	dinos qué accidentes
	tienes, o qué sientes.
ECO	Tengo pena, rabia...
AMOR PROPIO	¿Pues qué has echado de ver? 1400
ECO	De ver.
SOBERBIA	¿De qué estás así, o por qué?
ECO	Que.
AMOR PROPIO	¿Hay novedad en Narciso?
ECO	Narciso
SOBERBIA	Dinos, ¿qué te hizo
	para ese accidente,
	o si es solamente...?
ECO	De ver que Narciso...
SOBERBIA	No desesperes aún... 1410
ECO	Aún.
AMOR PROPIO	que aún puede dejar de ser...
ECO	Ser.
SOBERBIA	que ese barro quebradizo...
ECO	Quebradizo.
AMOR PROPIO	no logre su hechizo,
	ni a su amante obligue.
	Mas ¿Él a quién sigue?
ECO	A un ser quebradizo.
AMOR PROPIO	¿Es posible que la quiere? 1420
ECO	Quiere.
SOBERBIA	¿Ese agravio me hace a mí?
ECO	A mí.
AMOR PROPIO	¿Así por ella me agravia?

ECO	Me agravia.
SOBERBIA	Pues brote la rabia
	de mi furia insana;
	pues a una villana...
ECO	Quiere, a mí me agravia.
SOBERBIA	Juntemos estas voces, que cortadas

1430

pronuncia su dolor despedazadas,

que de ellas podrá ser nos enteremos

por entero, del mal que no sabemos.

AMOR PROPIO	Mejor es oírla a ella,
	que las repite al son de su querella.
ECO	*(Con intercadencias furiosas.)*
	Tengo pena, rabia,
	de ver que Narciso
	a un ser quebradizo
	quiere, a mí me agravia.

(Repite la música toda la copla.)

AMOR PROPIO	En el estéril hueco de este tronco,

1440

la ocultemos, porque el gemido ronco

de sus llorosas quejas

no llegue de Narciso a las orejas;

y allí tristes las dos la acompañemos,

pues apartarnos de ella no podemos.

(Vanse la Soberbia *y el* Amor Propio *llevando a* Eco.)

ESCENA XII

(Levántase Narciso *de la fuente.)*

NARCISO
    Selvas, ¿quién habéis mirado
el tiempo que habéis vivido,
que ame como yo he querido,
que quiera como yo he amado?

    ¿A quién, en el duradero   1450
siglo de prolijos días,
habéis visto, selvas mías,
que muera del mal que muero?

    Mirando lo que apetezco,
estoy sin poder gozarlo;
y en las ansias de lograrlo,
mortales ansias padezco.

    Conozco que ella me adora
y que paga el amor mío,
pues se ríe, si me río,   1460
y cuando yo lloro, llora.

    No me puedo engañar yo,
que mi ciencia bien alcanza
que mi propia semejanza
es quien mi pena causó.

    De ella estoy enamorado;
y aunque amor me ha de matar,
me es más fácil el dejar
la vida, que no el cuidado.

(Dice lo siguiente, llegándose hacia donde se fue Eco*; y ella, desde donde está, va respondiendo.)*

	Es insufrible el tormento	1470
ECO	Tormento.	
NARCISO	de los dolores que paso	
ECO	Paso.	
NARCISO	en rigor tan insufrible;	
ECO	Insufrible.	
NARCISO	pues en mi pena terrible	

Cuadro quinto

ESCENA XIII

(Suena terremoto; cae Narciso *dentro del vestuario, y salen asustados*
Eco, la Soberbia *y el* Amor Propio.*)*

ECO	¡Qué eclipse!
SOBERBIA	¡Qué terremoto!
AMOR PROPIO	¡Qué asombro!
ECO	¡Qué horror!
SOBERBIA	¡Qué susto!
ECO	¡Las luces del sol apaga
	en la mitad de su curso!
AMOR PROPIO	¡Cubre de sombras el aire! 1620
SOBERBIA	¡Viste a la luna de luto!
ECO	La tierra, de su firmeza
	desmintiendo el atributo,
	pavorosa se estremece,
	y abriendo su centro oculto,
	escondiendo en él los montes,
	manifiesta los sepulcros.
SOBERBIA	Las piedras, enternecidas,

rompiendo su ceño duro
se despedazan, mostrando   1630
que aun en lo insensible cupo
el sentimiento.

ECO   Y lo más
portentoso que descubro,
es que no causa este eclipse
aquel natural concurso
del sol y la luna, cuando
-los dos luminares juntos
en perpendicular línea-
la interposición del uno
no nos deja ver al otro,   1640
y así el sol parece obscuro,
no porque él lo esté, sino
porque no se ven sus puros
resplandores. Pero ahora,
siguiendo apartados rumbos,
distantes están, y así
ningún astro se interpuso
a ser de su luz cortina,
sino que él, funesto y mustio,
sus resplandores apaga,   1650
como si fueran caducos.

AMOR PROPIO   Y quizá por haber eso
observado, en el tumulto
donde todo el universo
sirve de pequeño vulgo,
algún astrólogo grande

prorrumpe en la voz que escucho
entre la asombrada turba,
pues dice en ecos confusos:

VOZ 1ª   *(Dentro.)*
¡O padece el autor del universo,
o perece la máquina del mundo!

AMOR PROPIO   ¡Oh fuerza de amor! ¡Oh fuerza
de un enamorado impulso:
pasar la línea a la muerte,
romper al infierno el muro,
porque el haberse rendido
Le sirva de mayor triunfo!
Mas atended, que en la turba
otra voz distinta escucho:

VOZ 2ª   *(Dentro.)*
¡Este hombre, de verdad era muy
justo!   1670

SOBERBIA   Otra voz no menos clara,
o la misma, con orgullo
de la fe, y admiración,
confiesa con otros muchos:

VOCES   *(Dentro.)*
¡Éste era Hijo de Dios, yo no lo dudo!

ECO   ¡Oh, pese a mí, que ya empieza
su muerte a mostrar el fruto
de aquel misterioso grano
que escondido en el profundo
pareció muerto, y después   1680
tantas espigas produjo!

¡Oh, nunca la profecía
se oyera, en labios impuros,
de que para vivir todos
fue menester morir uno!
¡Oh, nunca, engañada y ciega,
solicitara por rumbos
tan diferentes su muerte,
pues cuando vengada juzgo
mi afrenta con que Él muriese,   1690
hallo que todo mi estudio
sirvió de ponerle medios
para que su amante orgullo
la mayor fineza obrase,
muriendo por su trasunto!
Mas aunque la envidia fiera
despedaza, áspid sañudo,
mi pecho, ya por lo menos
tengo el consuelo (si pudo
caber en mí algún consuelo)   1700
de conseguir que en el mundo
no esté a los ojos de aquella
villana; que de su rudo
natural, y de su ingrata
condición, no será mucho
que, no viéndolo, Lo olvide.
Dices muy bien; que no dudo
que, no viéndolo a sus ojos,
olvidada de los sumos
beneficios que Le debe,   1710

volverá a seguir el curso
de sus delitos pasados:
que acostumbrados insultos
con dificultad se olvidan,
no habiendo quién del discurso
los esté siempre borrando
con encontrados asuntos
de diferentes recuerdos.

SOBERBIA   Pues sea ahora nuestro estudio
solicitar que ella olvide
estos beneficios suyos;
porque si después de tantos
Le vuelve a ofender, no dudo
que a ella ocasione más pena,
y a nosotros mayor triunfo.

ECO   Bien decís. Mas ella viene
llorando como infortunio
la que es su dicha mayor,
con el piadoso concurso
de las ninfas y pastores.   1730
Esperemos aquí ocultos,
hasta ver en lo que paran
tantos funestos anuncios.

(Retíranse a un lado.)

ESCENA XIV

(Sale la Naturaleza *llorando, y todas las* Ninfas *y* Pastores.*)*
NATURALEZA HUMANA

Ninfas habitadoras
de estos campos silvestres,
unas en claras ondas
y otras en troncos verdes;
Pastores, que vagando
estos prados alegres,
guardáis con el ganado   1740
rústicas sencilleces:
de mi bello Narciso,
gloria de vuestro albergue,
las dos divinas lumbres
cerró temprana muerte.
¡Sentid, sentid mis ansias;
llorad, llorad su muerte!

COROS   ¡Llorad, llorad su muerte!

NATURALEZA HUMANA

Muerte le dio su amor;
que de ninguna suerte   1750
pudiera, sino sólo
su propio amor vencerle.
De mirar su retrato,
enamorado muere;
que aun copiada su imagen,
hace efecto tan fuerte.
¡Sentid, sentid mis ansias:

llorad, llorad su muerte!

COROS   ¡Llorad, llorad su muerte!

NATURALEZA HUMANA

Ver su malogro, todo   1760
el universo siente:
las peñas se quebrantan,
los montes se enternecen;
enlútase la luna,
los polos se estremecen,
el sol su luz esconde,
el cielo se obscurece.
¡Sentid, sentid mis ansias;
llorad, llorad su muerte!

COROS   ¡Llorad, llorad su muerte!   1770

NATURALEZA HUMANA

El aire se encapota,
la tierra se conmueve,
el fuego se alborota,
el agua se revuelve.
Abren opacas bocas
los sepulcros patentes,
para dar a entender
que hasta los muertos sienten.
¡Sentid, sentid mis ansias
llorad, llorad su muerte!   1780

COROS   ¡Llorad, llorad su muerte!

NATURALEZA HUMANA

Divídese del templo
el velo reverente,

71

dando a entender que ya
se rompieron sus leyes.
El universo todo,
de su beldad doliente,
capuz funesto arrastra,
negras bayetas tiende.
¡Sentid, sentid mis ansias;   1790
llorad, llorad su muerte!

COROS   ¡Llorad, llorad su muerte!

NATURALEZA HUMANA

¡Oh vosotros, los que
vais pasando, atendedme,
y mirad si hay dolor
que a mi dolor semeje!
Sola y desamparada
estoy, sin que se llegue
a mí más que el dolor,
que me acompaña siempre.   1800
¡Sentid, sentid mis ansias;
llorad, llorad su muerte!

COROS   ¡Llorad, llorad su muerte!

NATURALEZA HUMANA

De la fuerza del llanto
mi rostro se entumece,
y se ciegan mis ojos
con lágrimas que vierten.
Mi corazón, en medio
de mi pecho, parece   1810
cera que se derrite

junto a la llama ardiente.
¡Sentid, sentid mis ansias;
llorad, llorad su muerte!

COROS   ¡Llorad, llorad su muerte!

NATURALEZA HUMANA

Mirad su amor, que pasa
el término a la muerte,
y por mirar su imagen
al abismo desciende;
pues sólo por mirarla,
en las ondas del Lethe   1820
quebranta los candados
de diamantes rebeldes.
¡Sentid, sentid mis ansias;
llorad, llorad su muerte!

COROS   ¡Llorad, llorad su muerte!

NATURALEZA HUMANA

¡Ay de mí, que por mí
su hermosura padece!
Corran mis tristes ojos
de lágrimas dos fuentes.
Buscad su cuerpo hermoso,   1830
porque con los ungüentes
de preciosos aromas
ungirlo mi amor quiere.
¡Sentid, sentid mis ansias;
llorad, llorad su muerte!

COROS   ¡Llorad, llorad su muerte!

NATURALEZA HUMANA

> Buscad mi vida en esa
> imagen de la muerte,
> pues el darme la vida   1840
> es el fin con que muere.
> *(Hacen que Lo buscan.)*
> Mas, ¡ay de mí, infeliz,
> que el cuerpo no parece!
> Sin duda le han hurtado:
> ¡Oh, quién pudiera verle!

ESCENA XV

(Sale la Gracia.)

GRACIA

> Ninfa bella, ¿por qué
> lloras tan tiernamente?
> ¿Qué en este sitio buscas?
> ¿Qué pena es la que sientes?

NATURALEZA HUMANA

> Busco a mi dueño amado;
> ignoro dónde ausente   1850
> Lo ocultan de mis ojos
> los hados inclementes.

GRACIA

> ¡Vivo está tu Narciso;
> no llores, no lamentes,
> ni entre los muertos busques
> al que está vivo siempre!»

ESCENA XVI

(Sale Narciso, *con otras galas, como resucitado, por detrás de la*
Naturaleza; *y ella se vuelve a mirarlo.)*

NARCISO   ¿Por qué lloras, pastora?

Que las perlas que viertes

el corazón me ablandan,

el alma me enternecen.   1860

NATURALEZA HUMANA

Por mi Narciso lloro,

señor; si tú Le tienes,

dime dónde está, para

que yo vaya a traerle.

NARCISO   ¿Pues cómo, esposa mía,

no puedes conocerme,

si a mi beldad divina

ninguna se parece?

NATURALEZA HUMANA

¡Ay, adorado esposo,

deja que alegremente   1870

llegue a besar tus plantas!

NARCISO   A tocarme no llegues,

porque voy con mi padre

a su trono celeste.

NATURALEZA HUMANA

Luego, ¿me dejas sola?

¡Ay, Señor, no me dejes;

que volverá a insidiarme

mi enemiga serpiente!

ESCENA XVII

(Salen Eco, *la* Soberbia *y el* Amor Propio.*)*

ECO	Claro está, pues aunque has hecho	
	tantas finezas por ella,	1880
	en dejándola ¿quién duda	
	que a ser mi despojo vuelva?	
SOBERBIA	Pues no viéndote, ella es	
	de condición tan grosera,	
	que dejará tus cariños	
	y olvidará tus finezas.	
AMOR PROPIO	Y yo pondré tales lazos	
	en sus caminos y sendas,	
	que no se pueda librar	
	de volver a quedar presa.	1890
ECO	Yo le pondré tales manchas,	
	que su apreciada belleza	
	se vuelva a desfigurar	
	y a desobligarte vuelva.	
GRACIA	Eso no, que yo estaré	
	a su lado, en su defensa;	
	y estando con ella yo,	
	no es fácil que tú la venzas.	
ECO	¿Qué importará, si es tan fácil	
	que, frágil, ella te pierda,	1900
	y en perdiéndote, es preciso	
	que vuelva a ponerse fea?	
NARCISO	No importa, que yo daré,	
	contra todas tus cautelas,	

	remedios a sus peligros	
	y escudos a sus defensas.	
ECO	¿Qué remedios, ni qué escudos,	
	si como otra vez te ofenda,	
	como es tu ofensa infinita,	
	no podrá satisfacerla?	1910

Pues para una que te hizo,
fue menester que murieras
tú; y claro está que no es congruo
que todas las veces que ella
vuelva a pecar, a morir
tú también por ella vuelvas.

NARCISO   Por eso, mi inmenso amor
la previno, para esa
fragilidad, de remedios,   1920
para que volver pudiera,
si cayera, a levantarse.

SOBERBIA   ¿Qué remedio habrá, que pueda
restituirla a tu gracia?
¿Cuál? El de la penitencia,
y los demás sacramentos,
que he vinculado en mi iglesia
por medicinas del alma.

ECO   Cuando éstos bastantes sean,
ella no querrá usar de ellos,
negligente, si te ausentas,   1930
porque olvidará tu amor
en faltando tu presencia.

NARCISO   Tampoco eso ha de faltarle,

porque dispuso mi inmensa
sabiduría, primero
que fuese mi muerte acerba,
un memorial de mi amor,
para que cuando me fuera,
juntamente me quedara

ECO Aqueso es lo que mi ciencia 1940
no alcanza cómo será.

NARCISO Pues para darte más pena,
porque ha de ser el mayor
tormento el que tú lo sepas,
y por manifestación
de mi sin igual fineza,
¡llega, Gracia, y recopila
en la metáfora mesma
que hemos hablado hasta aquí,
mi historia!

GRACIA Que te obedezca 1950
será preciso; y así,
Escuchadme.

ECO Ya mis penas
te atienden, a mi pesar.

GRACIA Pues pasó desta manera:
Érase aquella belleza
del soberano Narciso,
gozando felicidades
en la gloria de sí mismo,
pues en sí mismo tenía
todos los bienes consigo: 1960

Rey de toda la hermosura,
de la perfección archivo,
esfera de los milagros,
y centro de los prodigios.
De sus altas glorias eran
esos orbes cristalinos
coronistas, escribiendo
con las plumas de sus giros.
Anuncio era de sus obras
el firmamento lucido,   1970
y el resplandor Lo alababa
de los astros matutinos:
Le aclamaba el fuego en llamas,
el mar con penachos rizos,
la tierra en labios de rosas
y el aire en ecos de silbos.
Centella de su beldad
se ostentaba el sol lucido,
y de sus luces los astros
eran brillantes mendigos.   1980
Cóncavos espejos eran
de su resplandor divino,
en bruñidas superficies,
los once claros zafiros.
Dibujo de su luz eran
con primoroso artificio
el orden de los planetas,
el concierto de los signos.
Por imitar su belleza,

con cuidadosos aliños,   1990
se vistió el campo de flores,
se adornó el monte de riscos.
Adoraban su deidad
con amoroso destino,
desde su gruta la fiera
y el ave desde su nido.
El pez en el seno obscuro
Le daba cultos debidos,
y el mar para sus ofrendas
erigió altares de vidrio.   2000
Adoraciones Le daban.
devotamente rendidos,
desde la hierba más baja
al más encumbrado pino.
Maremagnum se ostentaba
de perfección, infinito,
de quien todas las bellezas
se derivan como ríos.
En fin, todo lo insensible,
racional, y sensitivo,   2010
tuvo el ser en su cuidado
y se perdiera a su olvido.
Éste, pues, hermoso asombro,
que entre los prados floridos
se regalaba en las rosas,
se apacentaba en los lirios,
de ver el reflejo hermoso
de su esplendor peregrino,

viendo en el hombre su imagen,
se enamoró de sí mismo.   2020
Su propia similitud
fue su amoroso atractivo,
porque sólo Dios, de Dios
pudo ser objeto digno.
Abalanzóse a gozarla;
pero cuando su cariño
más amoroso buscaba
el imán apetecido,
por impedir envidiosas
sus afectos bien nacidos,   2030
se interpusieron osadas
las aguas de sus delitos.
Y viendo imposible casi
el logro de sus designios
(porque hasta Dios en el mundo
no halla amores sin peligro),
se determinó a morir
en empeño tan preciso,
para mostrar que es el riesgo   2040
el examen de lo fino.
Apocóse, según Pablo,
y (si es lícito decirlo)
consumióse, al dulce fuego
tiernamente derretido.
Abatióse como amante
al tormento más indigno,
y murió, en fin, del amor

al voluntario suplicio.
Dio la vida en testimonio
de su amor; pero no quiso   2050
que tan gloriosa fineza
se quedase sin testigo;
y así dispuso dejar
un recuerdo y un aviso,
por memoria de su muerte,
y prenda de su cariño.
Su disposición fue parto
de su saber infinito,
que no se ostenta lo amante   2060
sin galas de lo entendido.
Él mismo quiso quedarse
en blanca flor convertido,
porque no diera la ausencia
a la tibieza motivo;
que no es mucho que hoy florezca,
pues antes en sus escritos
se llama flor de los campos,
y de los collados lilio.
Cándido disfraz, es velo
de sus amantes designios,   2070
incógnito a la grosera
cognición de los sentidos.
Oculto quiso quedarse
entre cándidos armiños,
por asistir como amante
y celar como registro:

que como esposo del alma,
receloso de desvíos,
la espía por las ventanas,
la acecha por los resquicios   2080
Quedó a hacer nuevos favores,
porque, liberal, no quiso
acordar una fineza
sin hacer un beneficio.
Ostentó lo enamorado
con amantes desperdicios,
e hizo todo cuanto pudo
El que pudo cuanto quiso.
Quedó en manjar a las almas,
liberalmente benigno,   2090
alimento para el justo,
veneno para el indigno.

*(Aparece el carro de la fuente; y junto a ella, un cáliz con una hostia
encima.)*

Mirad, de la clara fuente
en el margen cristalino,
la bella cándida flor
de quien el amante dijo:

NARCISO   Éste es mi cuerpo y mi sangre
que entregué a tantos martirios
por vosotros. En memoria   2100
de mi muerte, repetidlo.

NATURALEZA HUMANA

A tan no vista fineza,
a tan sin igual cariño,

	toda el alma se deshace,	
	todo el pecho enternecido	
	gozosas lágrimas vierte.	
ECO	Y yo, ¡ay de mí!, que lo he visto,	
	enmudezca, viva sólo	
	al dolor, muerta al alivio.	
AMOR PROPIO	Yo, absorto, rabioso y ciego,	2110
	venenoso áspid nocivo,	
	a mí propio me dé muerte.	
SOBERBIA	Yo que de tus precipicios	
	fui causa, segunda vez	
	me sepulte en el abismo.	
GRACIA	Y yo, que el impedimento	
	quitado y deshecho miro	
	de la culpa, que por tanto	
	tiempo pudo dividirnos,	
	Naturaleza dichosa,	
	te admito a los brazos míos.	2120
	¡Llega, pues, que eternas paces	
	quiero celebrar contigo;	
	¡no temas, llega a mis brazos!	

NATURALEZA HUMANA

	¡Con el alma los recibo!	
	Mas el llegar temerosa	
	es respeto en mí preciso,	
	pues a tanto sacramento,	
	a misterio tan divino,	
	es muy justo que el amor	
	llegue de temor vestido.	2130

(Abrázanse las dos.)

GRACIA　　　　¿Pues ya qué falta a tus dichas?

NATURALEZA HUMANA

　　　　　　　Sólo falta que, rendidos,
　　　　　　　las debidas gracias demos;
　　　　　　　y así, en concertados himnos
　　　　　　　sus alabanzas cantad,
　　　　　　　diciendo todos conmigo:

TODOS　　　　*(Cantan.)*

　　　　　　　¡Canta, lengua, del cuerpo glorioso
　　　　　　　el alto misterio, que por precio digno
　　　　　　　del mundo se nos dio, siendo fruto
　　　　　　　real, generoso, del vientre más　　　2140
　　　　　　　limpio

　　　　　　　Veneremos tan gran sacramento,
　　　　　　　y al nuevo misterio cedan los antiguos,
　　　　　　　supliendo de la fe los afectos
　　　　　　　todos los defectos que hay en los sen-
　　　　　　　tidos.

　　　　　　　¡Gloria, honra, bendición y alabanza,
　　　　　　　grandeza y virtud al Padre y al Hijo
　　　　　　　se dé; y al amor, que de ambos proce-
　　　　　　　de,
　　　　　　　igual alabanza Le demos rendidos!

　　　　　　　FIN

52252433R00049

Made in the USA
Charleston, SC
13 February 2016